Impressum
Verlag: BABADADA GmbH, Nedderfeld 112 , 22529 Hamburg
Geschäftsführer / Verlagsleitung: Harald Hof
Druck: Books on Demand GmbH, In de Tarpen 42, 22848 Norderstedt

Imprint
Publisher: BABADADA GmbH, Nedderfeld 112 , 22529 Hamburg, Germany
Managing Director / Publishing direction: Harald Hof
Print: Books on Demand GmbH, In de Tarpen 42, 22848 Norderstedt, Germany

School

escuela

Klassenstuuv
aula

delen
dividir

186/2

Tafel
pizarra

Schoolhoff
patio

Schoolmeester
maestro/a

Papeer
papel

schrieven
escribir

Sticken
bolígrafo

Schrievdisch
escritorio

Lienholt
regla

Book
libro

Schöler
alumno/a

Ranzel

cartera

Feddermapp

caja de lápices

Bleesticken

lápiz

Scharpmaker

sacapuntas

Radeergummi

goma de borrar

Tekenblock

cuaderno de dibujo

Teken

dibujo

Pinsel

pincel

Malkassen

caja de pinturas

Scheer

tijeras

Klever

pegamento

Heft to'n Öven

cuaderno de ejercicios

Huusopgaav

deberes

Tall

número

tohooptellen

sumar

aftrecken

restar

malnehmen

multiplicar

reken

calcular

Bookstaav

letra

ABC

alfabeto

Woort

palabra

Text

texto

lesen

leer

Kried

tiza

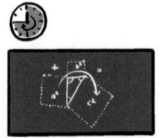

Stunn

lección

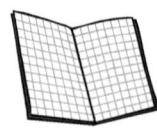

Klassenbook

cuaderno de notas

Pröven

examen

Tüügnis

certificado

Schooluniform

uniforme escolar

Utbillen

educación

Nakieksel

enciclopedia

Universität

universidad

Mikroskop

microscopio

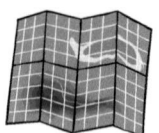

Koort

mapa

Papeerkorf

papelera

Törn
viaje

Hotel
hotel
Grand
Harbarg
albergue
ROOMS
Wesselstuuv
oficina de cambio de divisas
EXCHANGE
Kuffer
maleta
Auto
coche

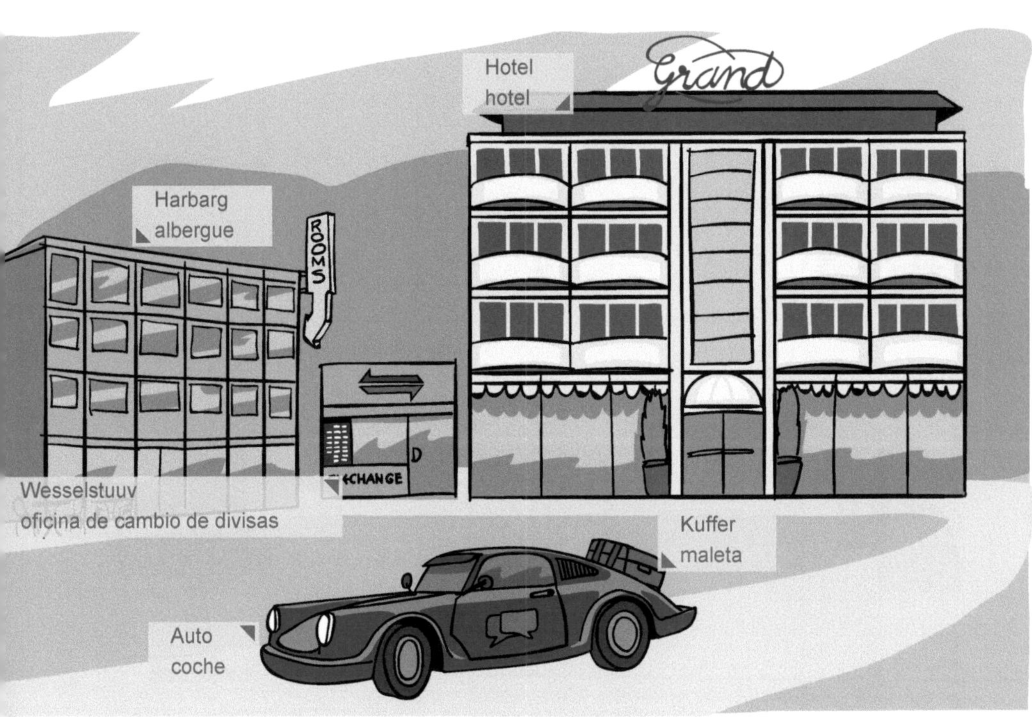

Spraak
idioma

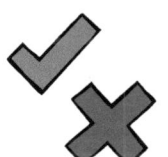

jo / ne
sí / no

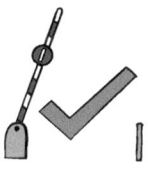

Jo
Vale

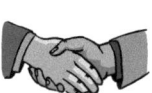

Moin
hola

Översetter
traductor

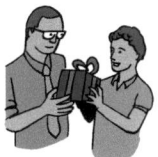

Dank ok
Gracias

Wat kost...?

¿cuánto es...?

Ik verstah nich

No entiendo

Problem

problema

Goden Avend

¡Buenas tardes!

Moin!

¡Buenos días!

Gode Nacht!

¡Buenas noches!

Tschüüs

adiós

Richt

dirección

Bagaasch

equipaje

Tasch

bolsa

Rüchsack

mochila

Gast

invitado

Stuuv

habitación

Slaapsack

saco de dormir

Telt

tienda de campaña

Touristeninformatschoon

información turística

Strand

playa

Kreditkoort

tarjeta de crédito

Fröhstück

desayuno

Meddageten

almuerzo

Avendeten

cena

Fohrkort

billete

Fohrstohl

ascensor

Breefmark

sello

Grenz

frontera

Toll

aduana

Bottschop

embajada

Visum

visa

Pass

pasaporte

Transport
transporte

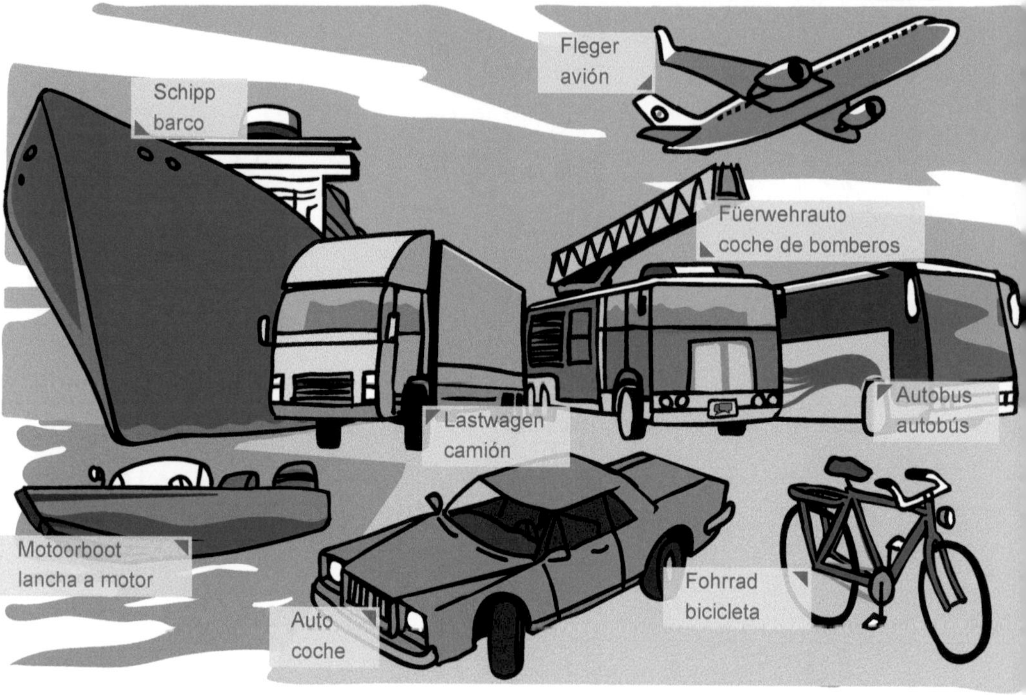

Fleger
avión
Schipp
barco
Füerwehrauto
coche de bomberos
Autobus
autobús
Lastwagen
camión
Motoorboot
lancha a motor
Fohrrad
bicicleta
Auto
coche

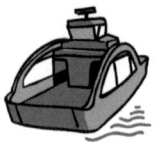

Fähr

transbordador

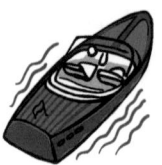

Boot

barca

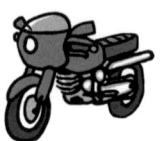

Motoorrad

moto

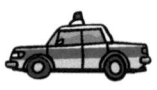

Polizeiauto

coche de policía

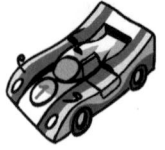

Rönnauto

coche de carreras

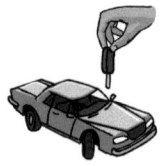

Lehnwagen

coche de alquiler

Carsharing

préstamo de vehículos

Afsleepwagen

grúa

Müllauto

camión de la basura

Motoor

motor

Kraftstoff

gasolina

Tanksteed

gasolinera

Verkehrsschild

señal de tráfico

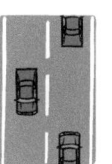

Verkehr

tráfico

Stau

atasco

Afstellplatz

aparcamiento

Bahnhoff

estación de tren

Sporen

vías

Tog

tren

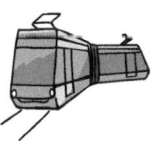

Stratenbahn

tranvía

Wagon

vagón

Dwarsmöhl

helicóptero

Flooghaven

aeropuerto

Tower

torre

Fohrgast

pasajero

Grootkist

contenedor

Karton

caja de cartón

Koor

carretilla

Korf

cesta

starten / lannen

despegar / aterrizar

Stadt

ciudad

Dörp

pueblo

Binnenstadt

centro de ciudad

Huus

casa

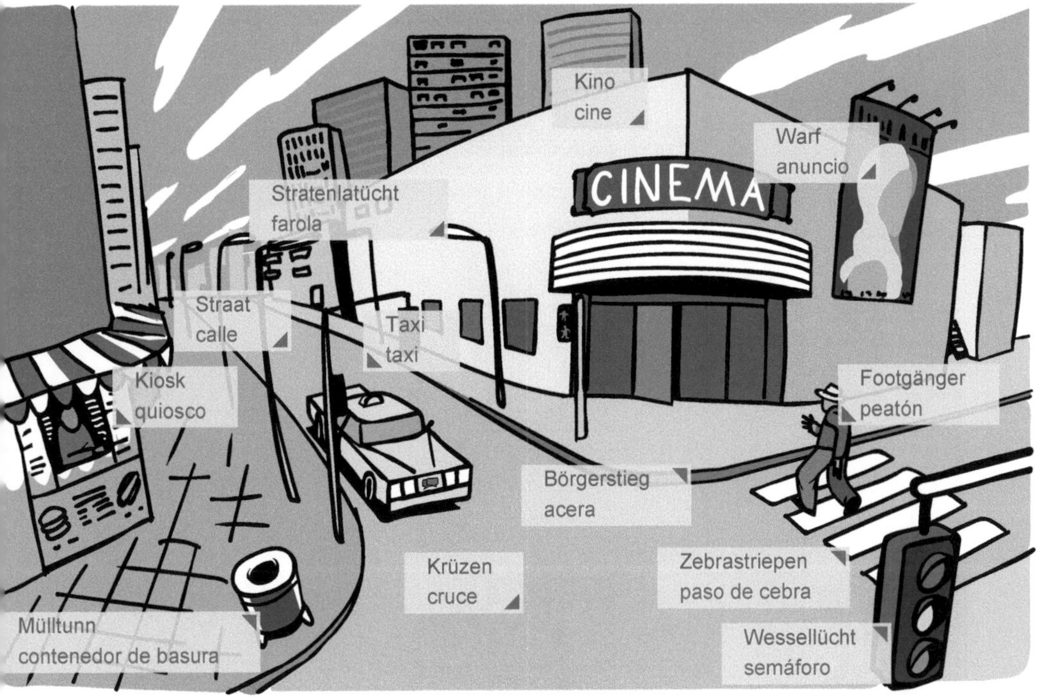

Kino
cine

Warf
anuncio

Stratenlatücht
farola

CINEMA

Straat
calle

Taxi
taxi

Kiosk
quiosco

Footgänger
peatón

Börgerstieg
acera

Krüzen
cruce

Zebrastriepen
paso de cebra

Wessellücht
semáforo

Mülltunn
contenedor de basura

Hütt
cabaña

Wahnung
apartamento

Bahnhoff
estación de tren

Raathuus
ayuntamiento

Museum
museo

School
escuela

Stadt - ciudad

11

Universität

universidad

Bank

banco

Krankenhuus

hospital

Hotel

hotel

Afteek

farmacia

Büro

oficina

Bookhökerie

librería

Hökerie

tienda

Blomenhökerie

floristería

Supermarkt

supermercado

Markt

mercado

Koophuus

grandes almacenes

Fischhökerie

pescadería

Inkoopszentrum

centro comercial

Haven

puerto

Parkanlaag

parque

Bank

banco

Brüch

puente

Trepp

escaleras

Ünnergrundbahn

metro

Tunnel

túnel

Busstoppsteed

parada de autobús

Bar

bar

Spieslokal

restaurante

Breefkassen

buzón

Stratenschild

poste indicador

Parkklock

parquímetro

Deertenpark

zoo

Baadanstalt

piscina

Moschee

mezquita

Buernhoff

granja

Ümweltversmudden

contaminación

Karkhoff

cementerio

Kark

iglesia

Speelplatz

patio de juego

Tempel

templo

Landschop

paisaje

Blatt
hoja

Wiespahl
señal

Weg
camino

Wisch
prado

Steen
piedra

Boom
árbol

Wannerer
excursionista

Fluss
río

Gras
hierba

Bloom
flor

Daal

valle

Barg

colina

See

lago

Holt

bosque

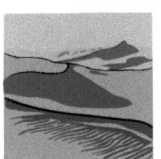

Wööst

desierto

Füerspien Barg

volcán

Slott

castillo

Regenbagen

arcoíris

Poggenstohl

champiñón

Palm

palmera

Steekmück

mosquito

Fleeg

mosca

Miegeemk

hormiga

Imm

abeja

Spinn

araña

Sebber

escarabajo

Pogg

rana

Katteker

ardilla

Swienegel

erizo

Haas

liebre

Uul

lechuza

Vagel

pájaro

Swaan

cisne

Wildswien

jabalí

Hirsch

ciervo

Elk

alce

Staudamm

presa

Windrad

turbina eólica

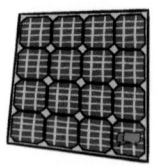

Solarmodul

panel solar

Klima

clima

Spieslokal
restaurante

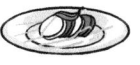

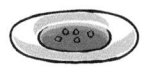

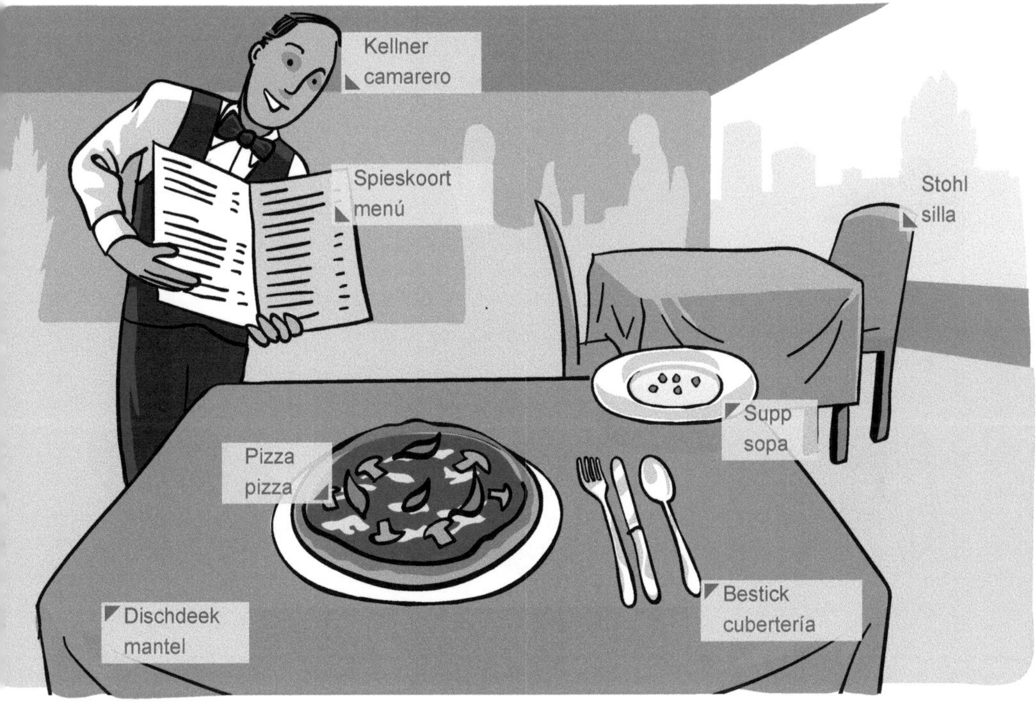

Kellner
camarero
Spieskoort
menú
Stohl
silla
Supp
sopa
Pizza
pizza
Bestick
cubertería
Dischdeek
mantel

Vörspies

primer plato

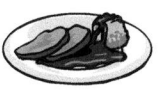

Haupteten

plato principal

Nadisch

postre

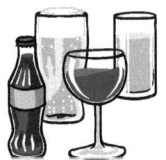

Drünk

bebidas

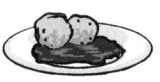

Eten

comida

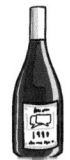

Buddel

botella

Fastfood

comida rápida

Strateneten

comida callejera

Teekann

tetera

Zuckerdoos

azucarero

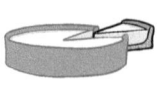

Portschoon

porción

Espressomaschien

cafetera expreso

Hoochstohl

trona

Reken

cuenta

Tablett

bandeja

Mess

cuchillo

Gavel

tenedor

Lepel

cuchara

Teelepel

cucharilla

Munddook

servilleta

Glas

vaso

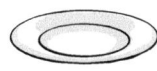

Töller

plato

Suppentöller

plato hondo

Ünnertass

platillo

Sooß

salsa

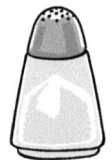

Soltstreuer

salero

Pepermöhl

molinillo de pimienta

Etig

vinagre

Ööl

aceite

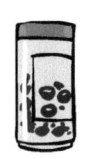

Krüder

especias

Ketchup

ketchup

Mostrich

mostaza

Mayonnaise

mayonesa

Supermarkt
supermercado

Anbott
oferta especial
FOR
Kunn
cliente
Melkprodukten
lácteos
Aaft
fruta
Inkoopswagen
carro de la compra

BUTCHERS

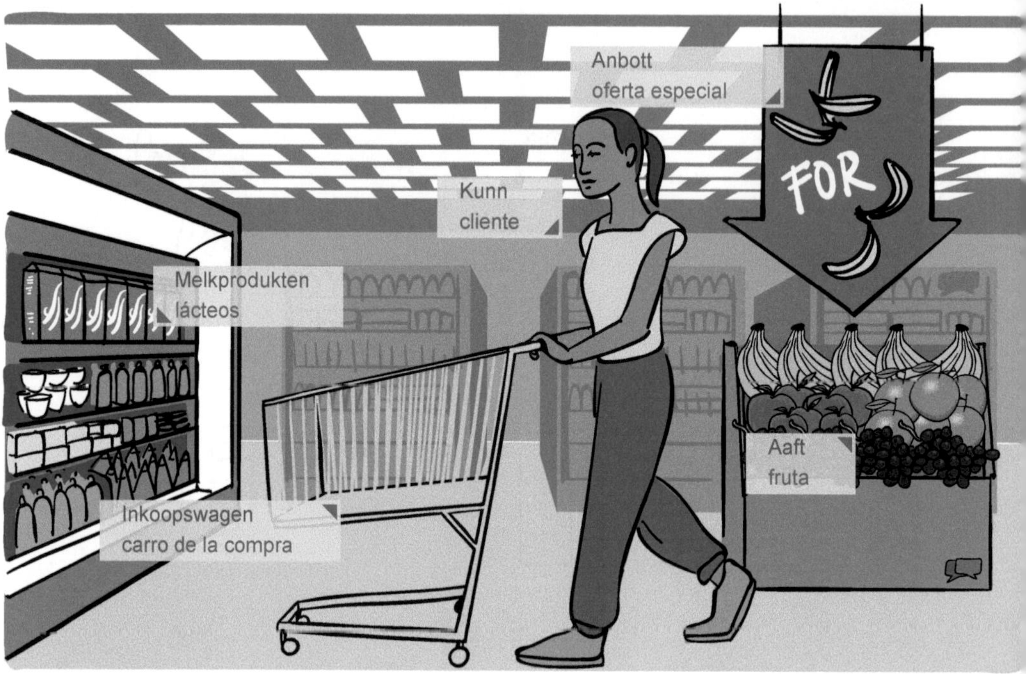

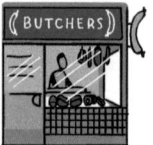

Slachterie

carnicería

BAKERY

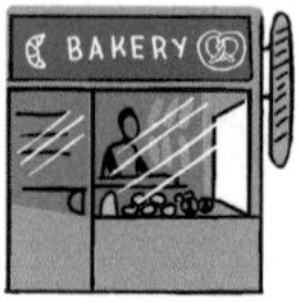

Bäckerie

panadería

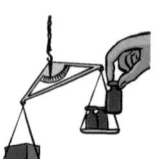

wegen

pesar

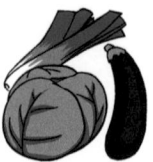

Gröönsaken

verduras

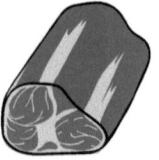

Fleesch

carne

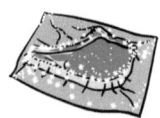

Deepköhlkost

alimentos congelados

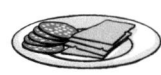

Opsnitt

fiambres

Konserven

conservas

Waschmiddel

detergente en polvo

Snoopkraam

dulces

Huushooltssaken

productos de uso doméstico

Reinmaaktüüch

productos de limpieza

Verköpersche

vendedora

Kass

caja

Kasserer

cajero

Inkoopslist

lista de la compra

Opsparrtieden

horario de atención al
público

Breeftasch

cartera

Kreditkoort

tarjeta de crédito

Tasch

bolsa

Plastiktüüt

bolsa de plástico

Water

agua

Saft

zumo

Melk

leche

Cola

cola

Wien

vino

Beer

cerveza

Spriet

alcohol

Kakao

cacao

Tee

té

Koffie

café

Espresso

expreso

Cappucino

capuchino

Banaan

plátano

Appel

manzana

Appelsien

naranja

Meloon

melón

Zitroon

limón

Wöttel

zanahoria

Knuuvlook

ajo

Bambus

bambú

Zibbel

cebolla

Poggenstohl

champiñón

Nööt

avellanas

Nudeln

fideos

Spaghetti

espagueti

Ries

arroz

Salat

ensalada

Pommes frites

patatas fritas

Braadkantüffeln

patatas fritas

Pizza

pizza

Hamborger

hamburguesa

Sandwich

sándwich

Snitzel

filete

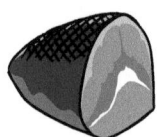

Schinken

jamón

Salami

salami

Wust

salchicha

Hohn

pollo

Braden

asado

Fisch

pescado

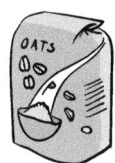

Haverflocken

copos de avena

Müsli

muesli

Cornflakes

copos de maíz

Mehl

harina

Croissant

cruasán

Rundstück

panecillo

Broot

pan

Toast

tostada

Keksen

galletas

Botter

mantequilla

Quark

cuajada

Koken

pastel

Ei

huevo

Spegelei

huevo frito

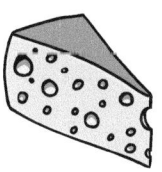

Kees

queso

les

helado

Zucker

azúcar

Honnig

miel

Marmelaad

mermelada

Nougat-Creme

crema de turrón

Curry

curry

Buernhoff
granja

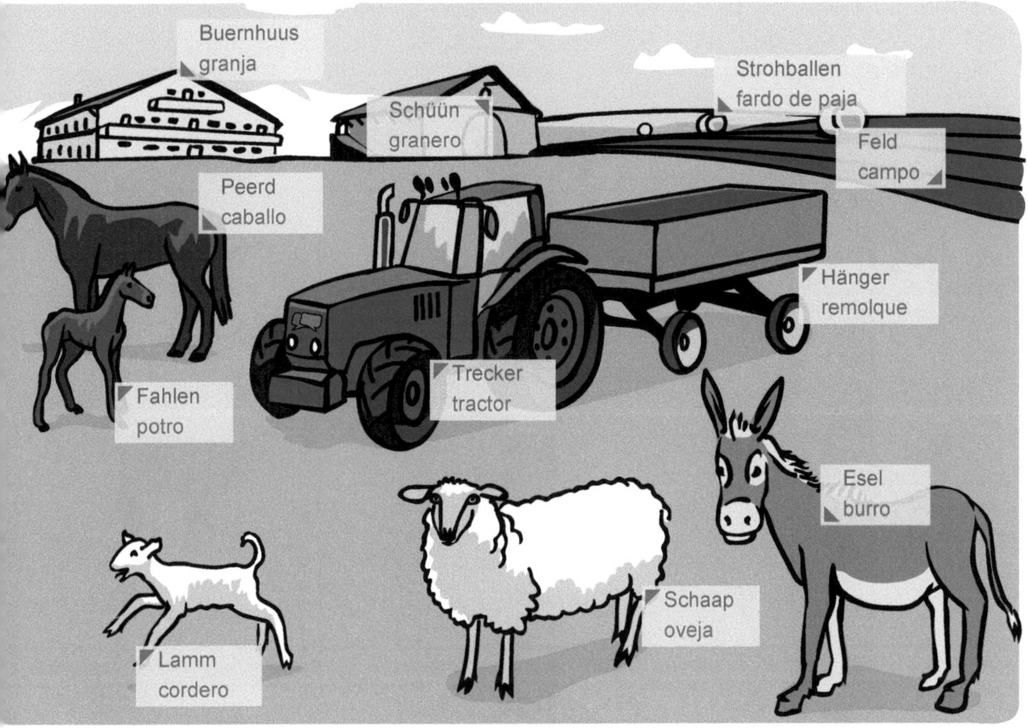
Buernhuus
granja
Schüün
granero
Strohballen
fardo de paja
Feld
campo
Peerd
caballo
Hänger
remolque
Trecker
tractor
Fahlen
potro
Esel
burro
Schaap
oveja
Lamm
cordero

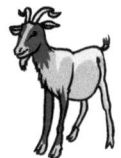

Zeeg
cabra

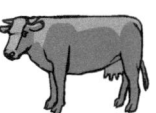

Koh
vaca

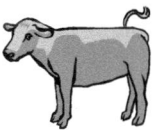

Kalf
ternero

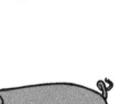

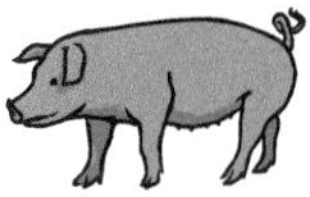

Swien
cerdo

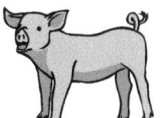

Farken
cerdito

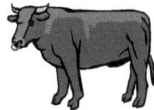

Bull
toro

Goos

ganso

Aant

pato

Küken

pollo

Hohn

gallina

Hahn

gallo

Rott

rata

Katt

gato

Muus

ratón

Oss

buey

Hund

perro

Hunnenhütt

perrera

Goornslauch

manguera

Geetkann

regadera

Lee

guadaña

Ploog

arado

Sich

hoz

Hack

azada

Mestfork

horca

Ext

hacha

Schuufkoor

carretilla

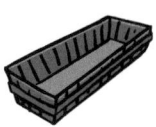

Trog

abrevadero

Melkkann

lechera

Sack

saco

Tuun

valla

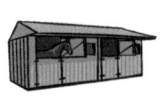

Stall

establo

Drievhuus

invernadero

Bodden

suelo

Saat

semilla

Dünger

fertilizador

Meihdöscher

cosechadora

oornen

cosechar

Oorn

cosecha

Yamswöttel

ñame

Weten

trigo

Soja

soja

Kantüffel

patata

Törksche Weten

maíz

Rapp

semilla de colza

Aaftboom

árbol frutal

Troopsch Kantüffel

mandioca

Koorn

cereales

Huus
casa

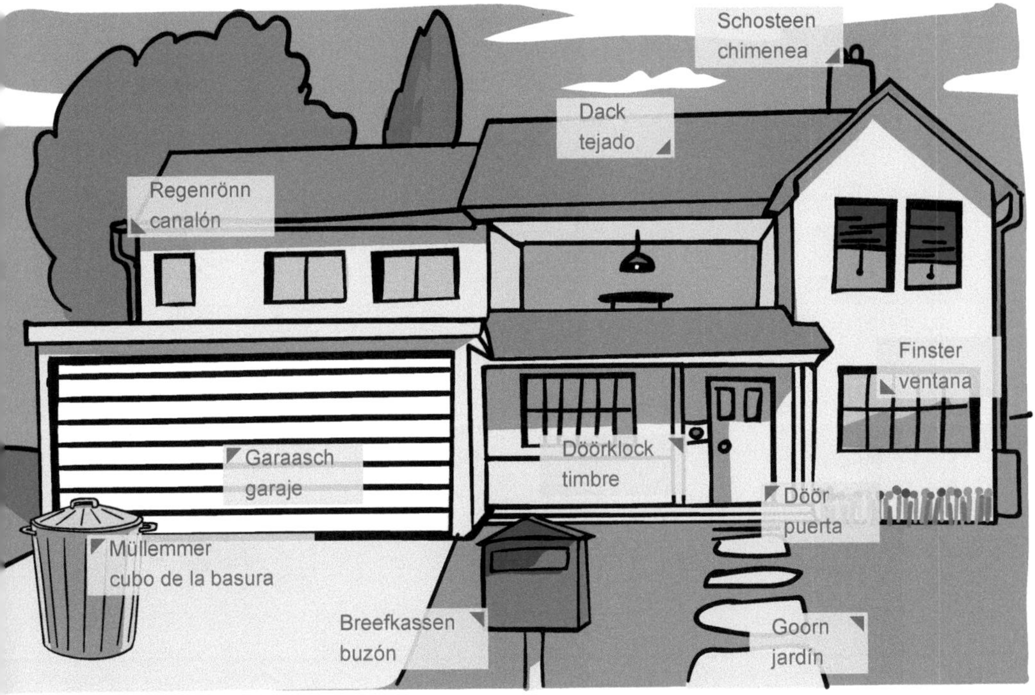

Schosteen
chimenea
Dack
tejado
Regenrönn
canalón
Finster
ventana
Garaasch
garaje
Döörklock
timbre
Döör
puerta
Müllemmer
cubo de la basura
Breefkassen
buzón
Goorn
jardín

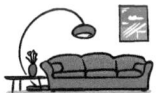

Wahnstuuv

sala

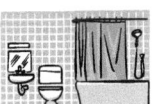

Baadstuuv

cuarto de baño

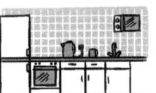

Kööк

cocina

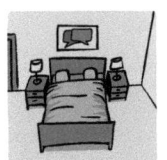

Slaapstuuv

dormitorio

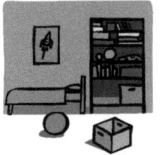

Kinnerstuuv

habitación de los niños

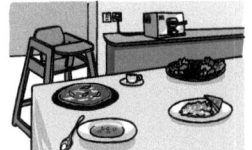

Eetstuuv

comedor

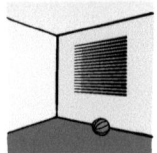

Footbodden

suelo

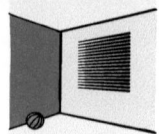

Wand

pared

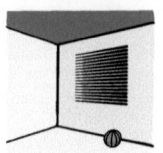

Deek

techo

Keller

sótano

Hittluftbad

sauna

Balkon

balcón

Terrass

terraza

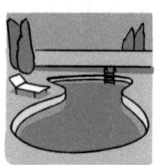

Swümmbad

piscina

Rasenmeiher

cortacésped

Bettbetog

sábana

Bettdeek

colcha

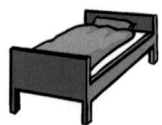

Puuch

cama

Bessen

escoba

Emmer

balde

Schalter

interruptor

Wahnstuuv
sala

Tapeet
papel pintado
Bild
imagen
Lamp
lámpara
Regal
estante
Schapp
armario
Kiekkassen
televisión
Kamin
chimenea
Bloom
flor
Küssen
cojín
Sofa
sofá
Vaas
jarrón
Feernbedenen
mando a distancia

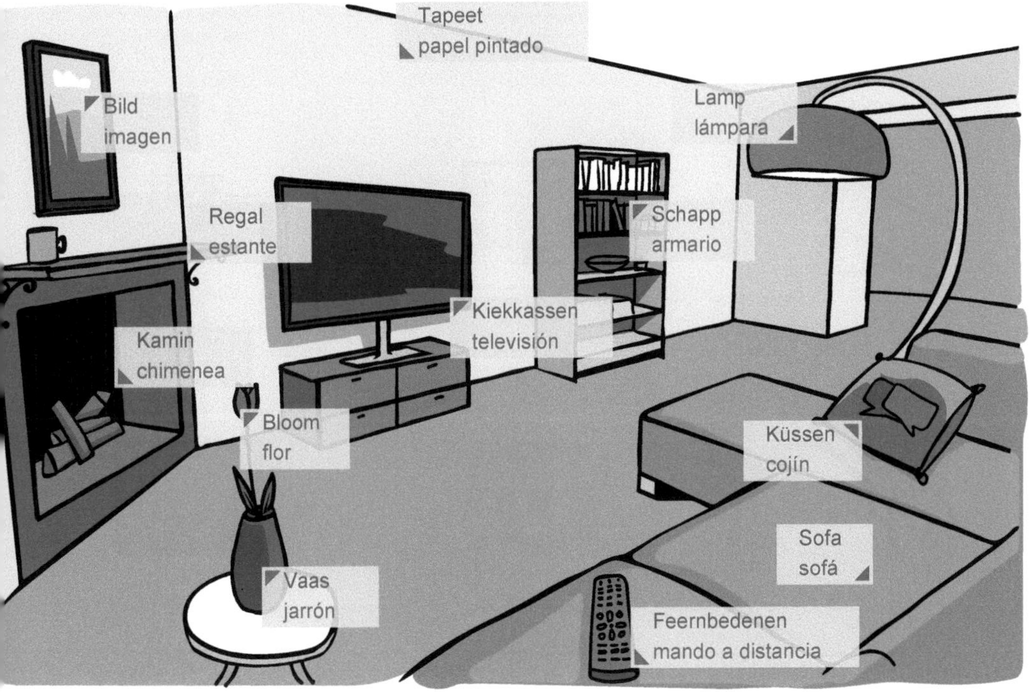

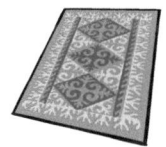

Teppich

alfombra

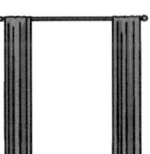

Vörhang

cortina

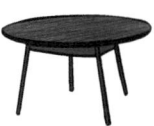

Disch

mesa

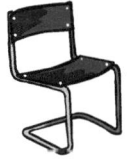

Stohl

silla

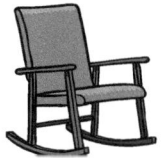

Schuckelstohl

mecedora

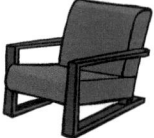

Sessel

butaca

Book

libro

Deek

manta

Dekoratschoon

decoración

Füerholt

leña

Film

película

Stereoanlaag

equipo de música

Slötel

llave

Narichtenblatt

periódico

Gemälde

pintura

Poster

póster

Radio

radio

Opschrievblock

cuaderno

Huulbessen

aspiradora

Kaktus

cactus

Kars

vela

Köök

cocina

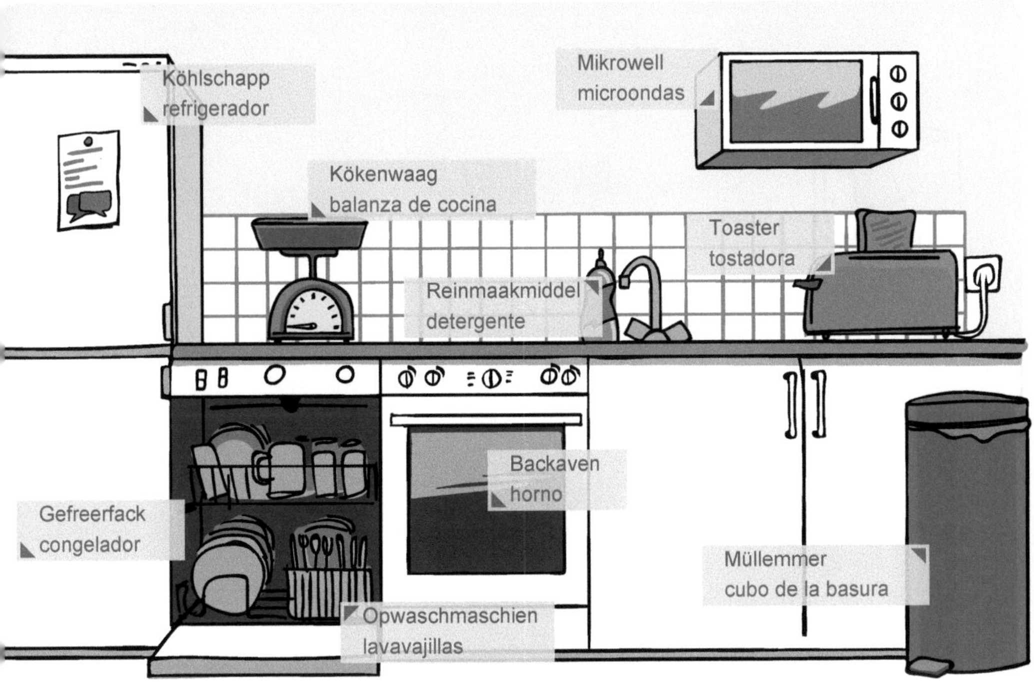

Köhlschapp
refrigerador

Mikrowell
microondas

Kökenwaag
balanza de cocina

Toaster
tostadora

Reinmaakmiddel
detergente

Backaven
horno

Gefreerfack
congelador

Müllemmer
cubo de la basura

Opwaschmaschien
lavavajillas

Heerd
olla a presión

Pott
olla

Gussiesern Putt
olla de hierro fundido

Wok / Kadai
wok / karahi

Pann
cazuela

Waterkaker
hervidor

Dampkaakputt

vaporera

Backblick

chapa de horno

Geschirr

vajilla

Beker

taza

Schaal

tazón

Eetsticken

palillos

Suppenkell

cucharón

Pannenwenner

espumadera

Sneebessen

batidor

Kaakseef

colador

Seef

cedazo

Riev

rallador

Mörser

mortero

Grill

barbacoa

Füerstell

hoguera

Sniedbrett

tabla de picar

Nudelholt

rodillo

Proppentrecker

sacacorchos

Doos

lata

Dosenaapner

abrelatas

Pottlappen

agarrador

Waschbecken

lavabo

Böst

cepillo

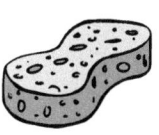

Swamm

esponja

Mixer

batidora

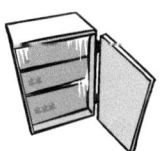

lesschapp

congelador

Nuckelbuddel

biberón

Waterhahn

grifo

Baadstuuv
cuarto de baño

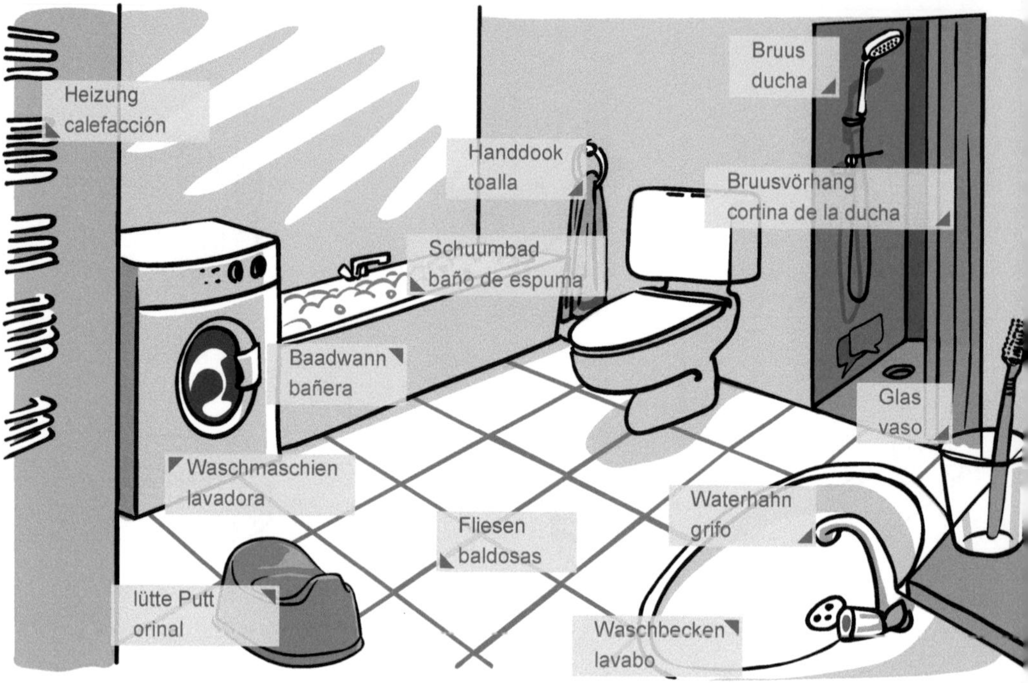

Heizung
calefacción

Bruus
ducha

Handdook
toalla

Bruusvörhang
cortina de la ducha

Schuumbad
baño de espuma

Baadwann
bañera

Glas
vaso

Waschmaschien
lavadora

Waterhahn
grifo

Fliesen
baldosas

lütte Putt
orinal

Waschbecken
lavabo

Tante Meier

inodoro

Hockklo

inodoro rústico

Bidet

bidé

Miegbecken

urinario

Klopapeer

papel higiénico

Kloböst

escobilla del váter

Tähnböst

cepillo de dientes

Tähnpast

pasta de dientes

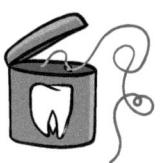

Tähnsied

hilo dental

waschen

lavar

Handbruus

ducha de mano

Intimbruus

ducha íntima

Waschschöttel

pila

Rüchböst

cepillo de espalda

Seep

jabón

Bruusgeel

gel de ducha

Hoorwaschmiddel

champú

Waschlappen

toallita

Afloop

desagüe

Creme

crema

Deodorant

desodorante

Spegel

espejo

Kosmetikspegel

espejo de tocador

Raserer

maquinilla de afeitar

Raseerschuum

espuma de afeitar

Raseerwater

loción postafeitado

Kamm

peine

Böst

cepillo

Hoordröger

secador

Hoorspray

laca

Smink

maquillaje

Lippensticken

pintalabios

Nagellack

pintauñas

Watt

algodón

Nagelscheer

cortauñas

Rüükwater

perfume

Kulturbüdel

estuche de viaje

Schemel

banqueta

Waag

balanza

Baadmantel

albornoz

Gummihanschen

guantes de goma

Tampon

tampón

Damenbinn

compresa

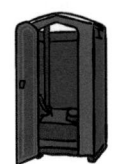

Chemieklo

inodoro químico

Kinnerstuuv
habitación de los niños

Wecker
despertador
Knudeldeert
peluche
Speeltüüchauto
coche de juguete
Klöter
sonajero
Poppenhuus
casa de muñecas
Geschenk
regalo

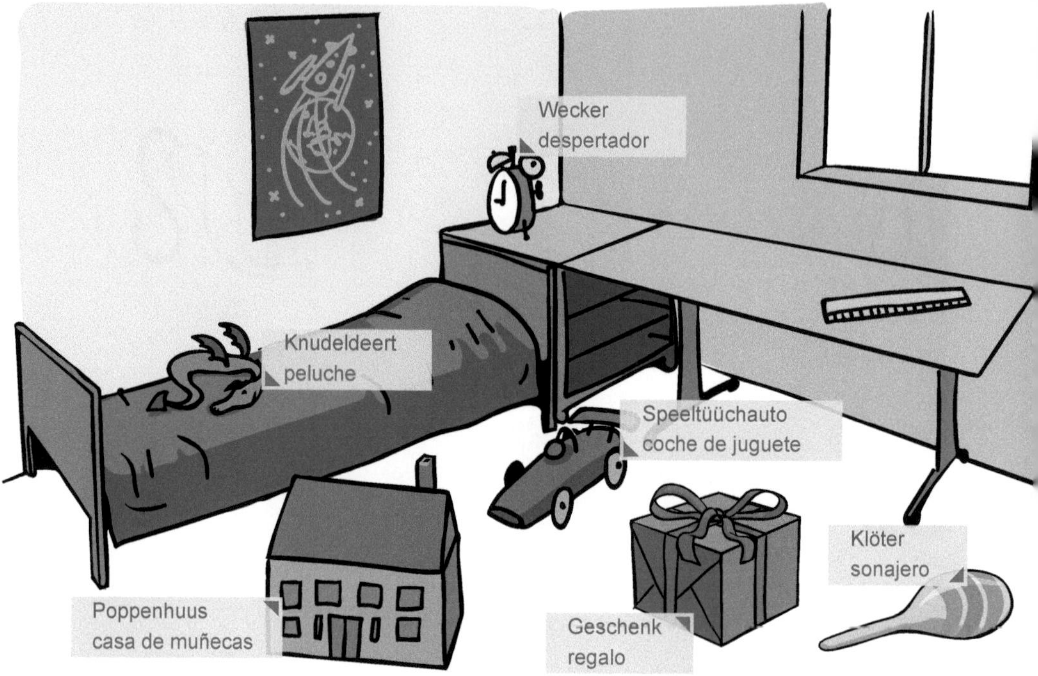

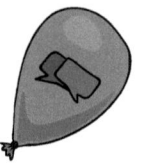

Luftballon

globo

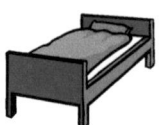

Puuch

cama

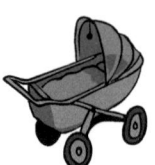

Kinnerwagen

coche de niño

Koortenspeel

naipes

Puzzle

puzle

SUPER
MEGA

Billergeschicht

tebeo

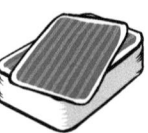

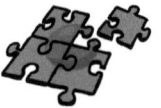

Legostenen

piezas de lego

Bustenen

bloques de juguete

Action-Figur

figura de acción

Strampelantog

bodi (de bebé)

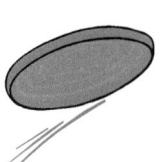

Frisbeeschiev

frisbee

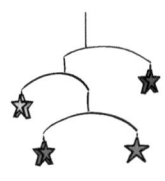

Mobile

colgador móvil para bebés

Brettspeel

juego de mesa

Wörpel

dados

Modelliesenbahn

circuito de tren eléctrico

Snuller

maniquí

Party

fiesta

Billerbook

álbum de fotos

Ball

pelota

Popp

muñeca

spelen

jugar

Sandkassen

cajón de arena

Schuckel

columpio

Speeltüüch

juguetes

Speelkonsool

videoconsola

Dreerad

triciclo

Teddyboor

oso de peluche

Klederschapp

guardarropa

Tüüch

ropa

Socken

calcetines

Strümp

medias

Strumpbüx

leotardos

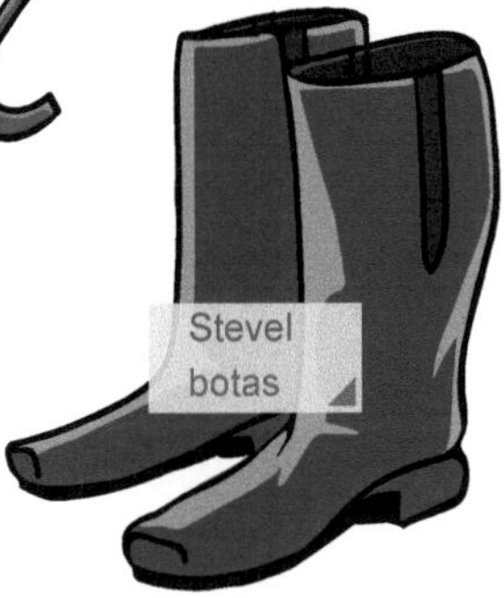

Halsdook
bufanda

Liefreem
cinturón

Paraplü
paraguas

T-Shirt
camiseta

Turnschoh
deportivas

Stevel
botas

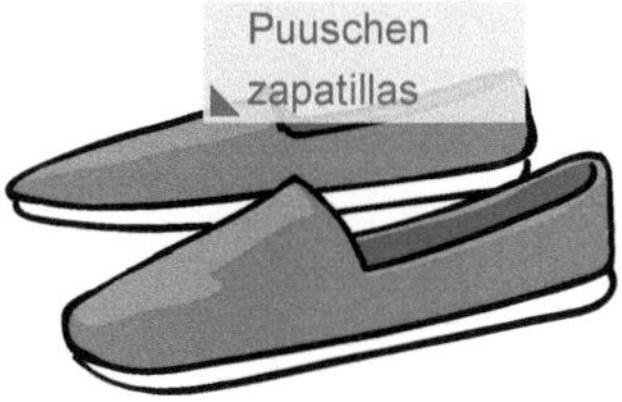

Puuschen
zapatillas

Sandalen
sandalias

Schoh
zapatos

Gummistevel
botas de goma

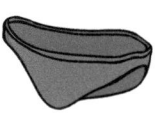

Ünnerbüx
slip

Bostholler
sostén

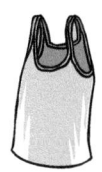

Ünnerhemd
chaleco

Lief

bodi

Büx

pantalones

Jeansnüx

vaqueros

Rock

falda

Bluus

blusa

Hemd

camisa

Pullover

jersey

Kapuzenpullover

suéter

Blazer

blazer

Jack

chaqueta

Mantel

abrigo

Övertrecker

gabardina

Kostüm

traje

Kleed

vestido

Hochtietskleed

vestido de novia

Antog

traje

Nachtkleed

camisón

Slaapantog

pijama

Sari

sari

Koppdook

bandana

Turban

turbante

Burka

burka

Kaftan

caftán

Abaya

abaya

Baadantog

traje de baño

Baadbüx

bañador

Korte Büx

pantalones cortos

Antog to'n Öven

chándal

Schört

delantal

Handschoh

guantes

Knopp

botón

Brill

gafas

Armband

brazalete

Halskeed

collar

Ring

anillo

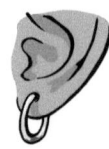

Ohrbummel

pendiente

Mütz

gorra

Klederbögel

percha

Hoot

sombrero

Binner

corbata

Rietslüter

cremallera

Helm

casco

Drachtband

tirantes

Schooluniform

uniforme escolar

Uniform

uniforme

Severböten
....
babero

Snuller
....
maniquí

Winnel
....
pañal

Büro
oficina

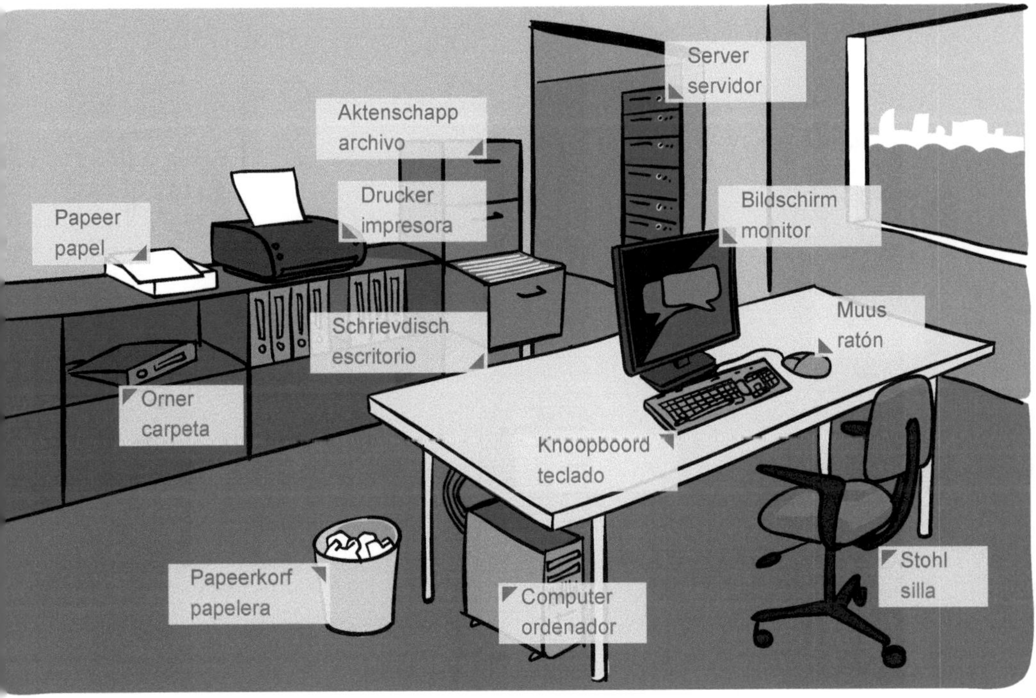

Server
servidor

Aktenschapp
archivo

Drucker
impresora

Papeer
papel

Bildschirm
monitor

Schrievdisch
escritorio

Muus
ratón

Orner
carpeta

Knoopboord
teclado

Papeerkorf
papelera

Stohl
silla

Computer
ordenador

Koffiebeker
....
taza de café

Taschenreekner
....
calculadora

Internet
....
internet

Büro - oficina

Klappreekner

portátil

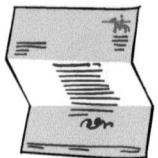

Breef

carta

Naricht

mensaje

Ackersnacker

móvil

Nettwark

red

Kopeerapparat

fotocopiadora

Software

software

Klöönkassen

teléfono

Steekdoos

toma de corriente

Faxapparat

fax

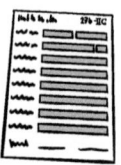

Formulor

formulario

Dokument

documento

köpen

comprar

betahlen

pagar

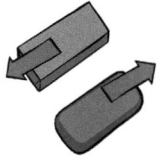

hanneln

comerciar

Geld

dinero

Dollar

dólar

Euro

euro

Yen

yen

Ruvel

rublo

Swiezer Franken

franco suizo

Renminbi Yuan

renminbi yuan

Rupie

rupia

Geldautomat

cajero automático

Wesselstuuv

oficina de cambio de divisas

Gold

oro

Sülver

plata

Ööl

petróleo

Energie

energía

Pries

precio

Verdrag

contrato

Stüer

impuesto

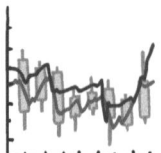

Andeelschien

acción

arbeiden

trabajar

Anstellte

empleado

Arbeitgever

empleador

Fabrik

fábrica

Hökerie

tienda

Profeschonen
oficios

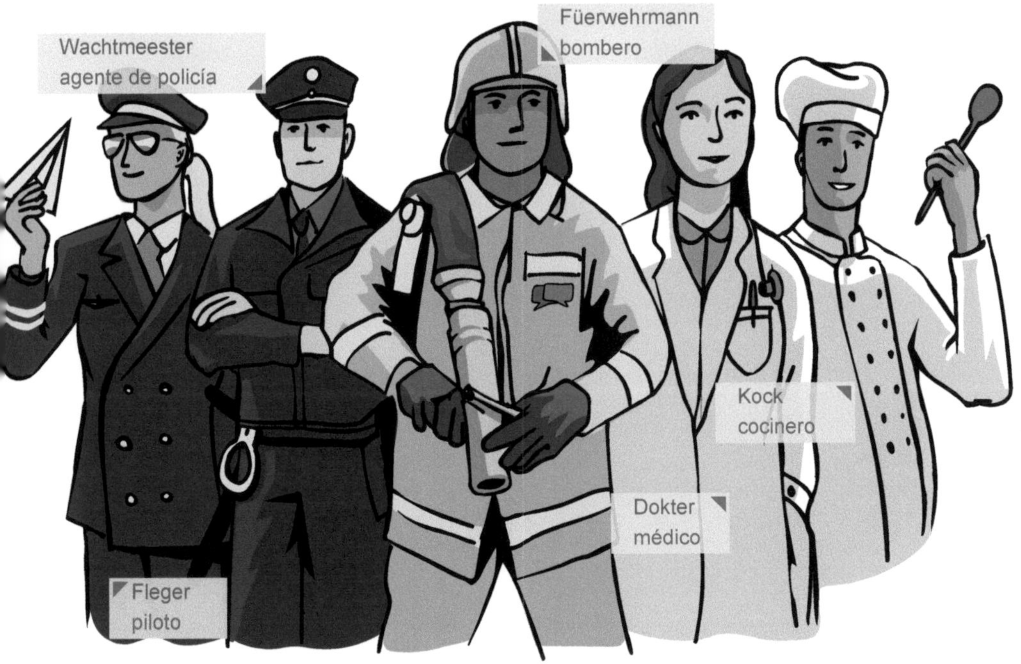
Wachtmeester
agente de policía
Füerwehrmann
bombero
Kock
cocinero
Dokter
médico
Fleger
piloto

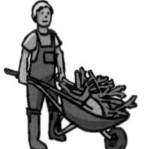

Goorner

jardinero

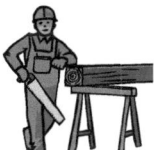

Discher

carpintero

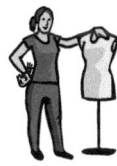

Neihersche

costurera

Richter

juez

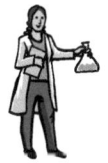

Chemiker

farmacéutico

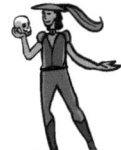

Schauspeler

actor

Busfohrer

conductor de autobús

Taxifohrer

taxista

Fischer

pescador

Reinmaakfru

señora de la limpieza

Dackdecker

techador

Kellner

camarero

Jäger

cazador

Maler

pintor

Bäcker

panadero

Elektriker

electricista

Buarbeider

obrero

Ingenieur

ingeniero

Slachter

carnicero

Klempner

fontanero

Postbüdel

cartero

Suldat

soldado

Architekt

arquitecto

Kasserer

cajero

Florist

florista

Putzbüdel

peluquero

Schaffner

revisor

Mechaniker

mecánico

Kaptein

capitán

Tähndokter

dentista

Wetenschopler

científico

Rabbi

rabino

Imam

imán

Mönk

monje

Paap

sacerdote

Warktüüch

herramientas

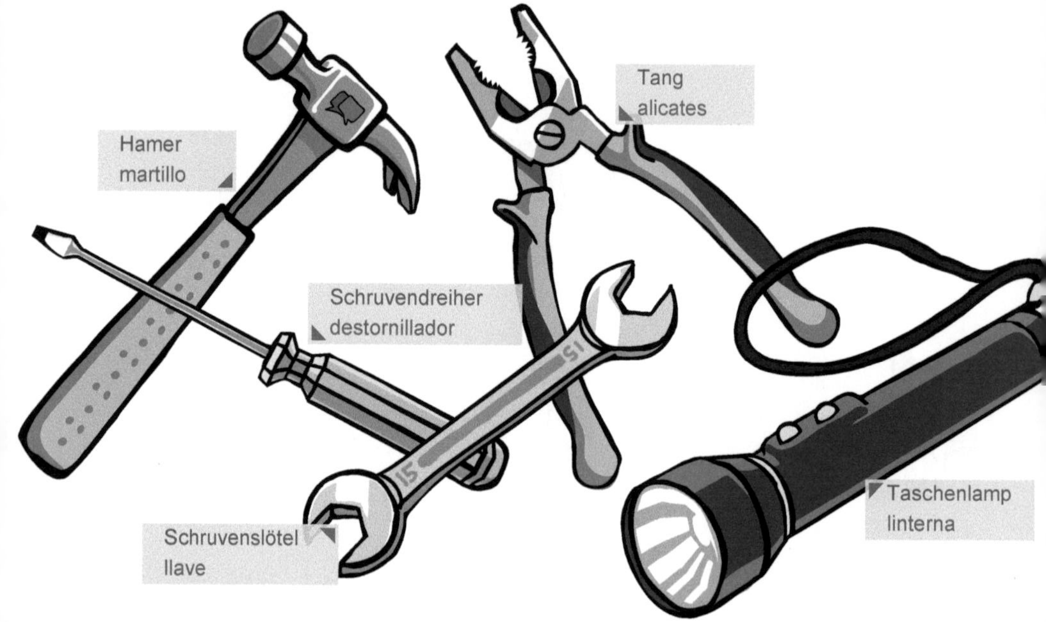

Hamer
martillo
Tang
alicates
Schruvendreiher
destornillador
Schruvenslötel
llave
Taschenlamp
linterna

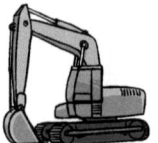

Grieper

excavadora

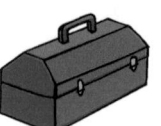

Warktüüchkassen

caja de herramientas

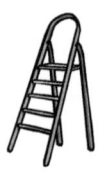

Ledder

escalera de mano

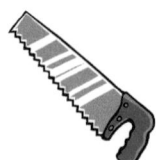

Saag

sierra

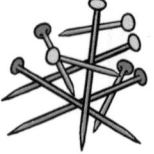

Nagels

clavos

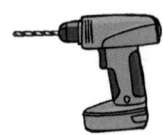

Bohrer

taladro

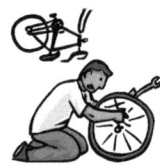

heelmaken

reparar

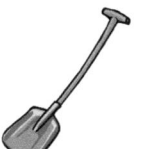

Schüffel

pala

Schiet!

¡Maldita sea!

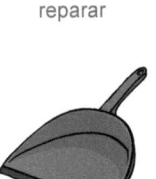

Kehrblick

recogedor

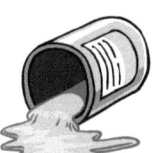

Farvpott

bote de pintura

Schruven

tornillos

Musikinstrumenten
instrumentos musicales

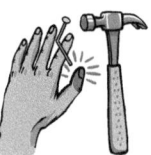

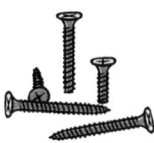

Luutsnacker
altavoz
Slagtüüch
batería
Rietfiedel
guitarra
Bass-Vigelien
contrabajo
Trumpeet
trompeta

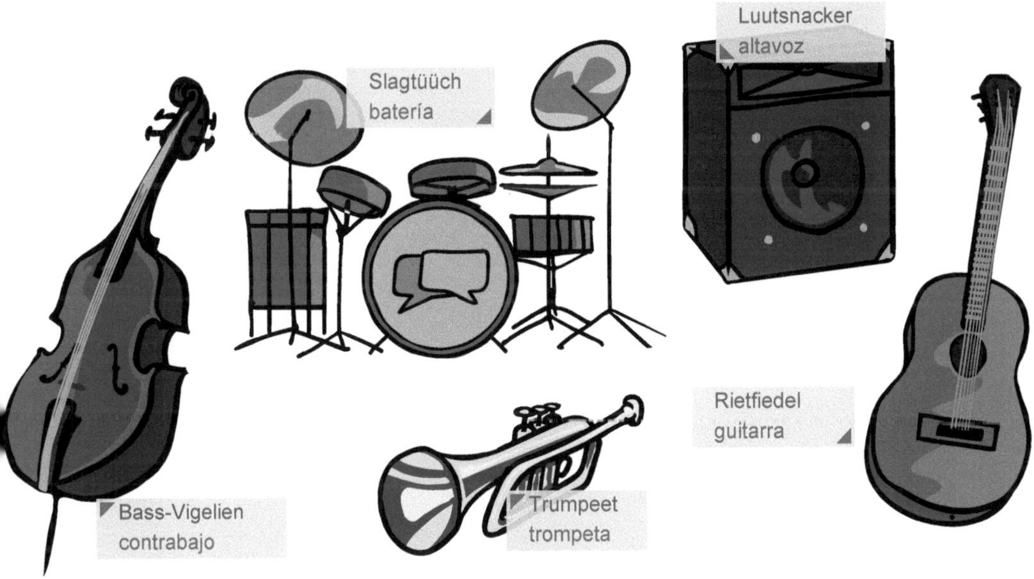

Klaveer

piano

Vigelien

violín

Bass

bajo

Pauk

timbales

Trummeln

tambor

Keyboard

teclado

Saxophon

saxofón

Fleut

flauta

Mikrofoon

micrófono

Deertenpark

zoo

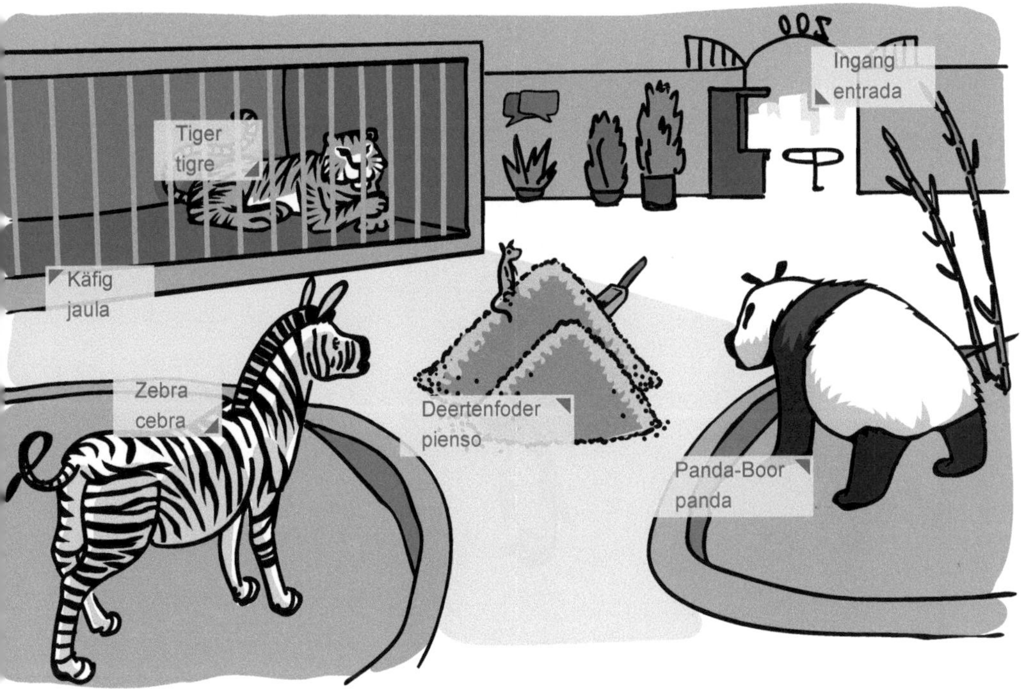

Ingang
entrada
Tiger
tigre
Käfig
jaula
Zebra
cebra
Deertenfoder
pienso
Panda-Boor
panda

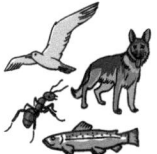

Deerten

animales

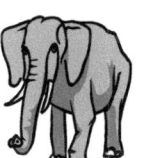

Elefant

elefante

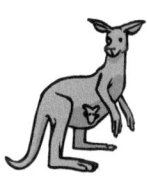

Känguru

canguro

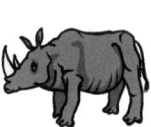

Neeshoorn

rinoceronte

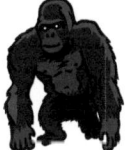

Gorilla

gorila

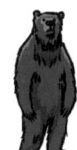

Boor

oso

Kameel

camello

Struuß

avestruz

Lööv

león

Aap

mono

Flamingo

flamingo

Papagoi

loro

Iesboor

oso polar

Pinguin

pingüino

Haifisch

tiburón

Pageluun

pavo real

Slang

serpiente

Krokodil

cocodrilo

Oppasser in'n Deertenpark

guardián de zoológico

Saalhund

foca

Jaguor

jaguar

Pony

poni

Leopard

leopardo

Nilpeerd

hipopótamo

Giraff

jirafa

Aadler

águila

Wildswien

jabalí

Fisch

pescado

Schildkrööt

tortuga

Walross

morsa

Voss

zorro

Gazell

gacela

Amerikaansch Football
fútbol americano

Radfohren
ciclismo

Tennis
tenis

Korfball
baloncesto

Swümmen
natación

Boxen
boxeo

Ieshockey
hockey sobre hielo

Football
fútbol

Fedderball
bádminton

Leichtathletik
atletismo

Handball
balonmano

Skilopen
esquí

Polo
polo

Aktivitäten
actividades

springen
saltar
ümarmen
abrazar
lachen
reír
gahn
caminar
singen
cantar
drömen
soñar
beden
rezar
snuteln
besar

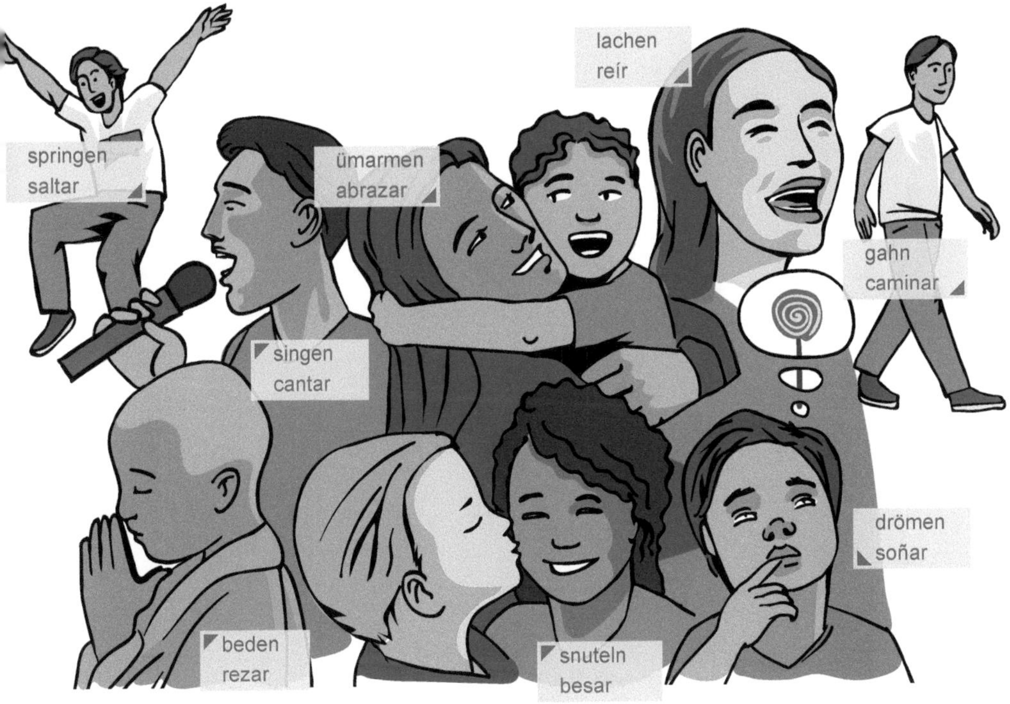

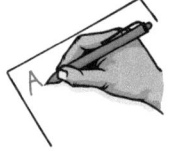

schrieven
escribir

teken
dibujar

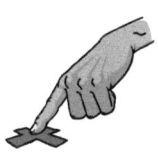

wiesen
mostrar

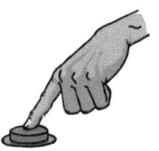

drücken
empujar

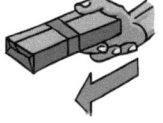

geven
dar

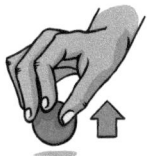

nehmen
tomar

hebben

tener

doon

hacer

sien

ser

stahn

estar de pie

lopen

correr

trecken

tirar

smieten

tirar

fallen

caer

liggen

yacer

töven

esperar

dregen

llevar

sitten

estar sentado

antrecken

vestirse

slapen

dormir

opwaken

despertar

ankieken

mirar

wenen

llorar

eien

acariciar

kämmen

peinar

snacken

hablar

verstahn

entender

fragen

preguntar

hören

escuchar

drinken

beber

eten

comer

oprümen

ordenar

leefhebben

amar

kaken

cocinar

fohren

conducir

flegen

volar

segeln

navegar

reken

calcular

lesen

leer

lehren

aprender

arbeiden

trabajar

de Plünnen tohoopsmieten

casarse

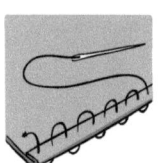

neihen

coser

Tähnen putzen

cepillarse los dientes

dootmaken

matar

smöken

fumar

schicken

enviar

Familje
familia

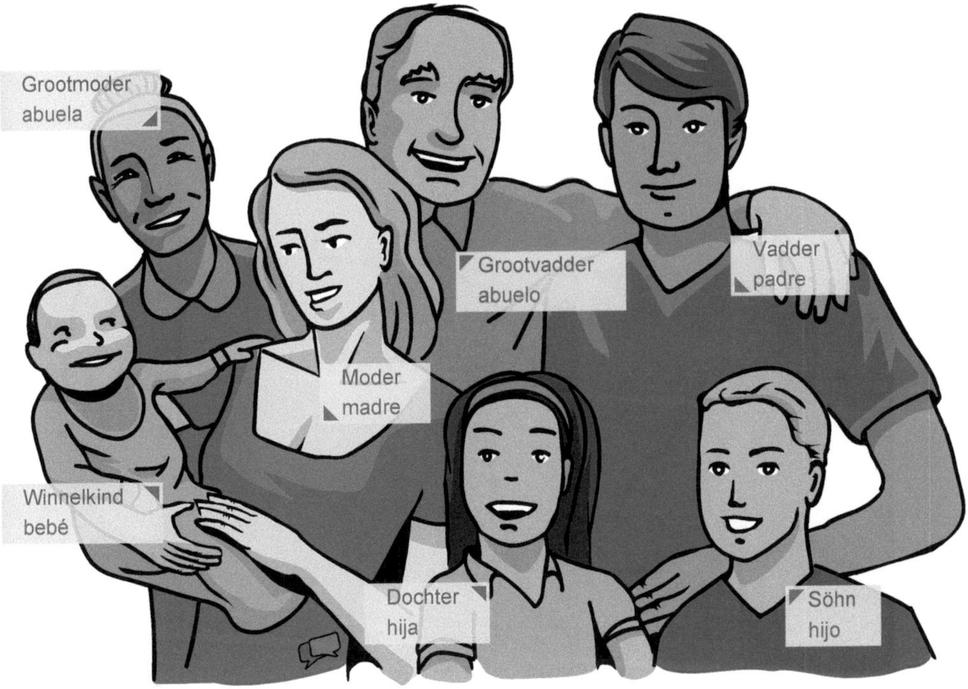
Grootmoder
abuela
Grootvadder
abuelo
Vadder
padre
Moder
madre
Winnelkind
bebé
Dochter
hija
Söhn
hijo

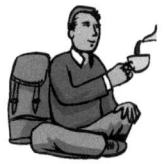

Gast

invitado

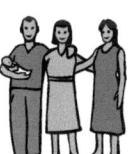

Tant

tía

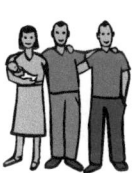

Unkel

tío

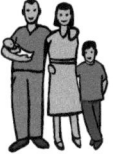

Broder

hermano

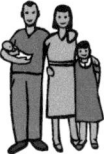

Süster

hermana

Lief

cuerpo

Vörkopp
frente
Oog
ojo
Schuller
hombro
Finger
dedo
Gesicht
cara
Kinn
barbilla
Hand
mano
Been
pierna
Bost
pecho
Arm
brazo

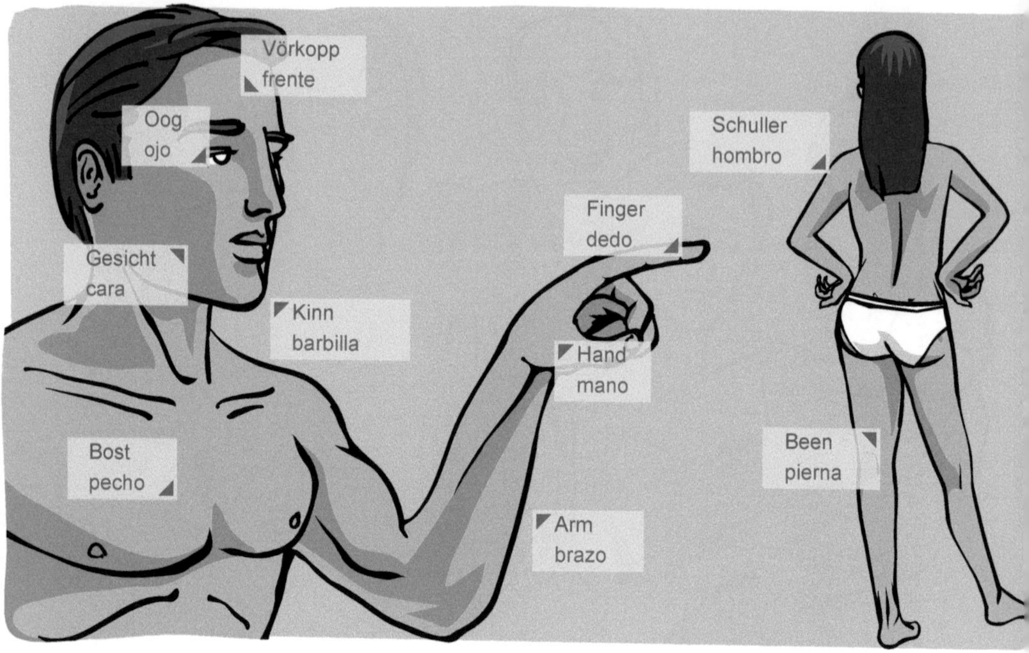

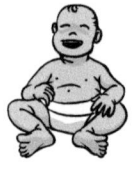

Winnelkind

bebé

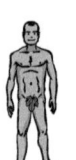

Mann

hombre

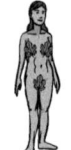

Fro

mujer

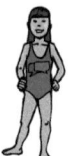

Deern

chica

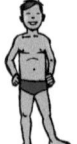

Jung

chico

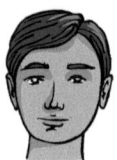

Arm

cabeza

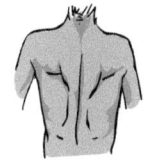

Rüch

espalda

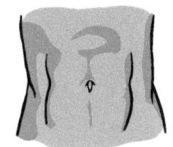

Buuk

vientre

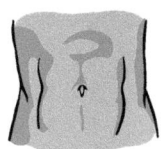

Navel

ombligo

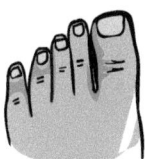

Teh

dedo del pie

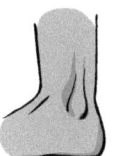

Hack

talón

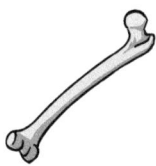

Knaken

hueso

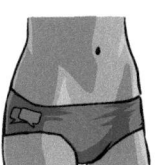

Hüft

cadera

Knee

rodilla

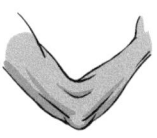

Ellbagen

codo

Nees

nariz

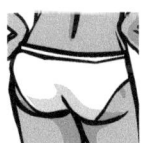

Achtersen

trasero

Huut

piel

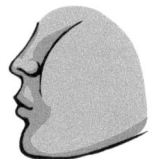

Back

mejilla

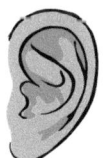

Ohr

oído

Lipp

labio

Mund

boca

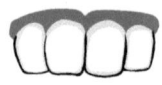

Tähn

diente

Tung

lengua

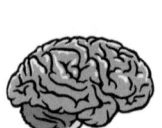

Bregen

cerebro

Hart

corazón

Muskel

músculo

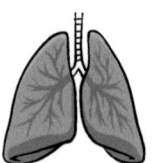

Lung

pulmón

Lever

hígado

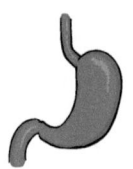

Maag

estómago

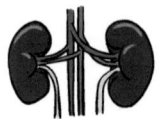

Neren

riñones

Bislaap

sexo

Kondoom

condón

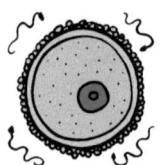

Eizell

ovario

Sperma

semen

Anner Ümstänn

embarazo

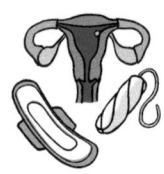

Menstruatschoon

menstruación

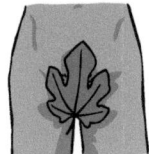

Scheed

vagina

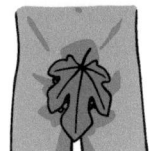

Pint

pene

Ogenbroe

ceja

Hoor

pelo

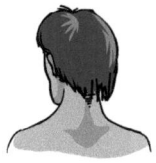

Hals

cuello

Krankenhuus
hospital

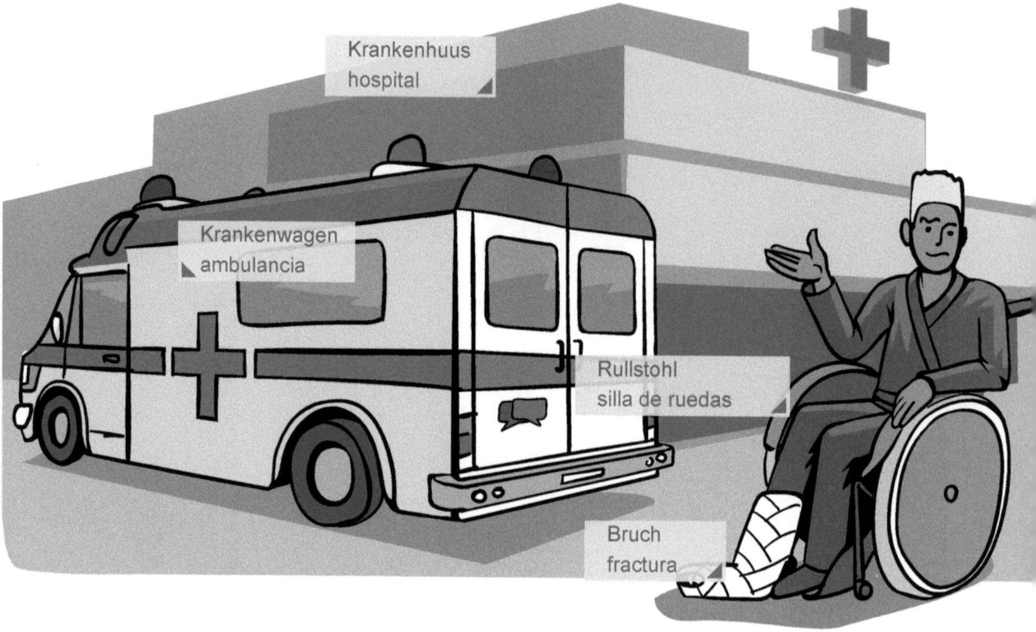

Krankenhuus
hospital
Krankenwagen
ambulancia
Rullstohl
silla de ruedas
Bruch
fractura

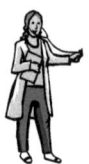

Dokter
médico

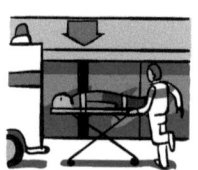

Nootopnahm
sala de urgencias

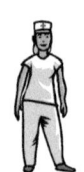

Krankensüster
enfermera

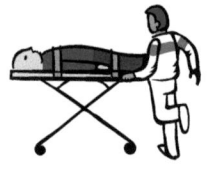

Nootfall
urgencia

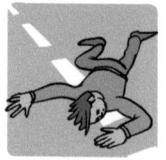

ahnmächtig
inconsciente

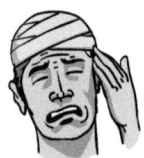

Wehdaag
dolor

Verwunnen

lesión

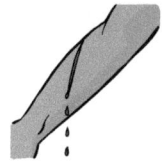

Blöden

hemorragia

Hartinfarkt

infarto

Slaganfall

ictus

Allergie

alergia

Hoosten

tos

Fever

fiebre

Gripp

gripe

Dörchfall

diarrea

Koppwehdaag

dolor de cabeza

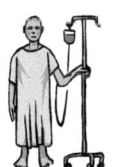

Kreeft

cáncer

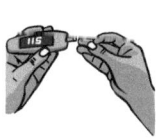

Zuckersüük

diabetes

Chirurg

cirujano

Chirurgsch Mess

bisturí

Operatschoon

operación

CT

TAC

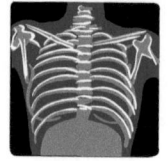

Dörchlüchten

rayos x

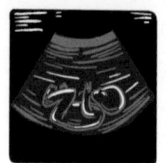

Ultraschall

ultrasonido

Mask

mascarilla

Krankheit

enfermedad

Töövruum

sala de espera

Krück

muleta

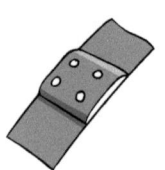

Plaaster

tirita

Verband

venda

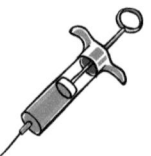

Insprütten

inyección

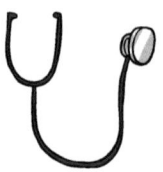

Stethoskop

estetoscopio

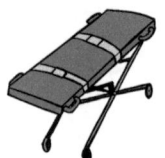

Draag

camilla

Feverthermometer

termómetro

Geboort

nacimiento

Övergewicht

sobrepeso

Höörapparat

audífono

Kiemfriemiddel

desinfectante

Ansteken

infección

Virus

virus

HIV / AIDS

VIH / SIDA

Heelmiddel

medicina

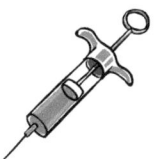

Impen

vacunación

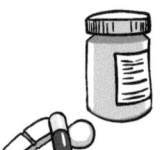

Tabletten

tabletas

Pill

pastilla

Nootroop

llamada de urgencia

Blootdruck-Meter

tensiómetro

krank / gesund

enfermo / sano

Hölp!

¡Socorro!

Alarm

alarma

Överfall

asalto

Angreep

ataque

Gefohr

peligro

Nootutgang

salida de emergencia

Füer!

¡Fuego!

Füerlöscher

extintor de incendios

Unfall

accidente

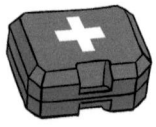

Noothölpkoffer

botiquín de primeros
auxilios

SOS

SOS

Polizei

policía

Europa

Europa

Noordamerika

Norteamérica

Süüdamerika

Sudamérica

Afrika

África

Asien

Asia

Australien

Australia

Atlantik

Atlántico

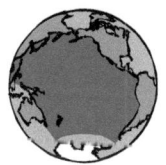

Pazifik

Pacífico

Indisch Weltmeer

Océano Índico

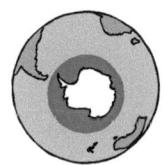

Antarktisch Weltmeer

Océano Antártico

Arktisch Weltmeer

Océano Ártico

Noordpol

polo norte

Süüdpol
polo sur

Antarktis
Antártida

Eerd
tierra

Land
tierra

See
mar

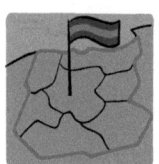

Eiland
isla

Natschoon
nación

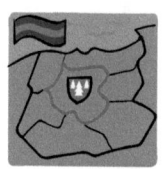

Staat
estado

Tallenblatt

esfera

Stunnenwieser

manecilla de las horas

Minutenwieser

minutero

Sekunnenwieser

segundero

Wo laat is dat?

¿Qué hora es?

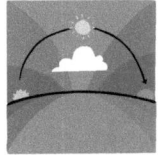

Dag

día

Tiet

tiempo

nu

ahora

digetaalsch Klock

reloj digital

Minuut

minuto

Stunn

hora

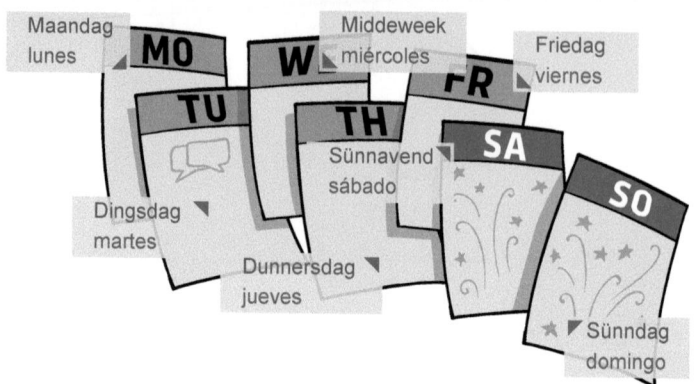

güstern
ayer

hüüt
hoy

morgen
mañana

Morgen
mañana

Meddag
mediodía

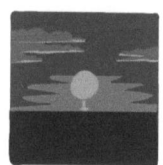

Avend
tarde

Arbeitsdaag
días laborables

Wekenenn
fin de semana

Johr

año

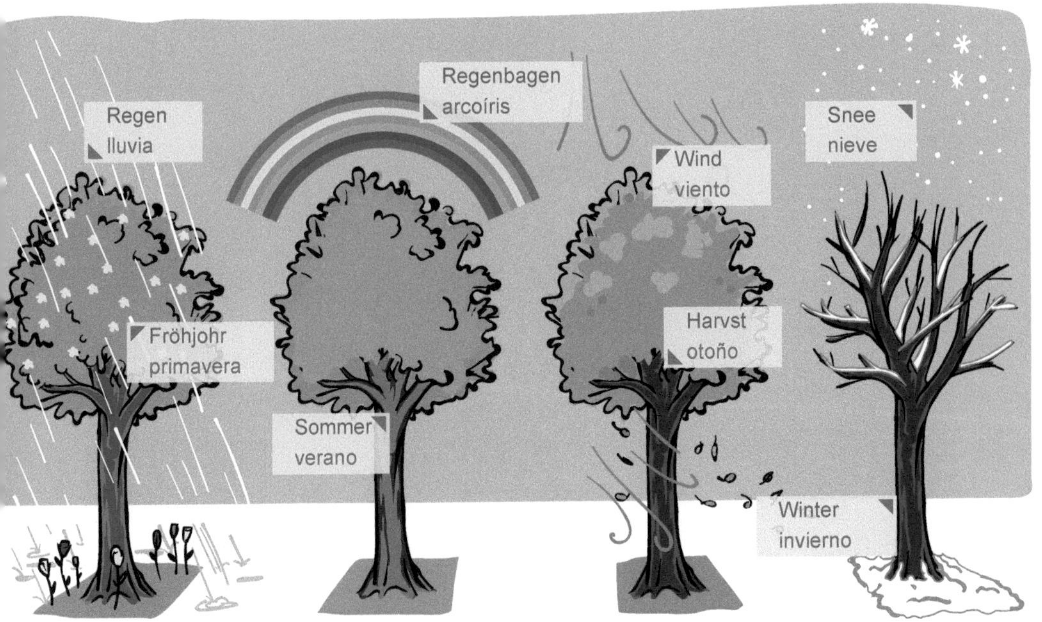

Regen
lluvia
Regenbagen
arcoíris
Snee
nieve
Wind
viento
Fröhjohr
primavera
Harvst
otoño
Sommer
verano
Winter
invierno

4.APRIL	11°	☀
5.APRIL	4°	🌧
6.APRIL	13°	⛈
7.APRIL	8°	☀
8.APRIL	10°	☀

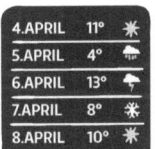

Wedervörhersaag

pronóstico del tiempo

F
C
120
90
60
30
0
-30
40
30
20
10
0
-10
-20

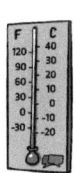

Thermometer

termómetro

Sünnenschien

sol

Wulk

nube

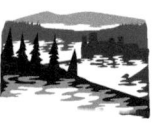

Nevel

niebla

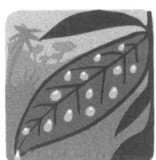

Luftfuchtigkeit

humedad

Blitz
....
rayo

Dunner
....
trueno

Storm
....
tormenta

Hagel
....
granizo

Monsun
....
monzón

Floot
....
inundación

Ies
....
hielo

Januormaand
....
enero

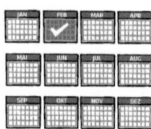

Februormaand
....
febrero

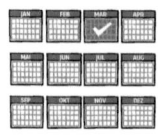

Martmaand
....
marzo

Aprilmaand
....
abril

Maimaand
....
mayo

Junimaand
....
junio

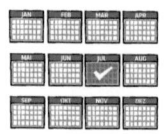

Julimaand
....
julio

Augustmaand
....
agosto

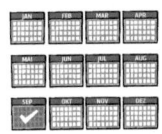

Septembermaand
....
septiembre

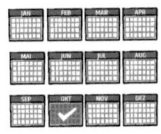

Oktobermaand
....
octubre

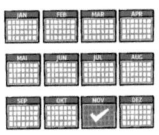

Novembermaand
....
noviembre

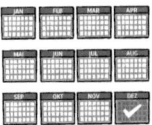

Dezembermaand
....
diciembre

Formen
formas

Krink
....
círculo

Quadrat
....
cuadrado

Rechteck
....
rectángulo

Dreeeck
....
triángulo

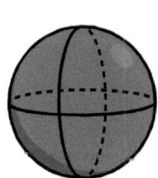

Kugel
....
esfera

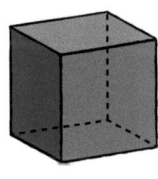

Wörpel
....
cubo

witt

blanco

geel

amarillo

orangsch

anaranjado

pink

rosa

root

rojo

lila

morado

blau

azul

gröön

verde

bruun

marrón

gries

gris

swart

negro

veel / wenig

mucho / poco

böös / verdreeglich

enojado / tranquilo

smuck / mies

bonito / feo

Begünn / Enn

principio / fin

groot / lütt

grande / pequeño

hell / düüster

claro / oscuro

Broder / Süster

hermano / hermana

schier / schietig

limpio / sucio

kumpleet / nich kumpleet

completo / incompleto

Dag / Nacht

día / noche

doot / lebennig

muerto / vivo

breet / small

ancho / estrecho

geneetbor / nich geneetbor

comestible / no comestible

böös / fründlich

malo / amable

fickerig / langwielt

entusiasmado / aburrido

dick / dünn

gordo / delgado

toeerst / toletzt

primero / último

Fründ / Fiend

amigo / enemigo

vull / leddig

lleno / vacío

hart / week

duro / blando

swoor / licht

pesado / ligero

Smacht / Döst

hambre / sed

krank / gesund

enfermo / sano

nich na't Recht / na't Recht

ilegal / legal

klook / dummerhaftig

inteligente / tonto

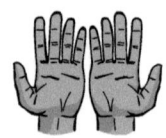

linkerhand / rechterhand

izquierda / derecha

neeg / feern

cerca / lejos

nieg / bruukt

nuevo / usado

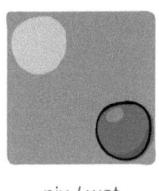

nix / wat

nada / algo

oolt / jung

viejo / joven

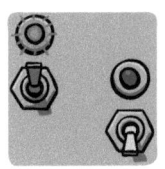

an / ut

encendido / apagado

apen / slaten

abierto / cerrado

lies / luut

silencioso / ruidoso

riek / arm

rico / pobre

richtig / verkehrt

correcto / incorrecto

ruug / glatt

áspero / suave

trurig / glücklich

triste / contento

kort / lang

corto / largo

suutje / flink

lento / rápido

natt / dröög

húmedo / seco

warm / köhl

cálido / frío

Krieg / Freden

guerra / paz

0	**1**	**2**
null	een	twee
cero	uno	dos

3	**4**	**5**
dree	veer	fief
tres	cuatro	cinco

6	**7**	**8**
söss	söven	acht
seis	siete	ocho

9	**10**	**11**
negen	teihn	ölven
nueve	diez	once

12
twölf
doce

13
dörteihn
trece

14
veerteihn
catorce

15
föffteihn
quince

16
sössteihn
dieciséis

17
söventeihn
diecisiete

18
achtteihn
dieciocho

19
negenteihn
diecinueve

20
twintig
veinte

100
hunnert
cien

1.000
dusend
mil

1.000.000
million
millón

Engelsch

inglés

Amerikaansch Engelsch

inglés americano

Chineesch Mandarin

chino mandarín

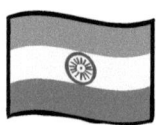

Hindi

hindi

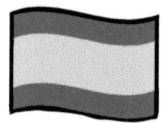

Spaansch

español

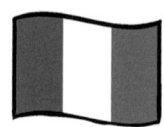

Franzöösch

francés

Araabsch

árabe

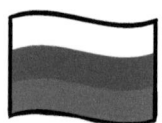

Rusch

ruso

Portugiesch

portugués

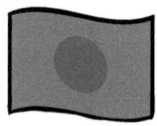

Bengaalsch

bengalí

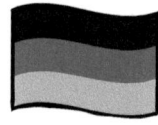

Düütsch

alemán

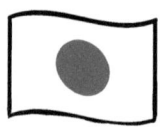

Japaansch

japonés

ik

yo

du

tú

he / se / dat

él / ella / ello

wi

nosotros/as

ji

vosotros/as

se

ellos/as

keen?

¿quién?

wat?

¿qué?

woans?

¿cómo?

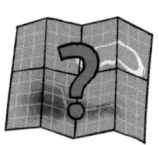

woneem?

¿dónde?

wannehr?

¿cuándo?

Naam

nombre

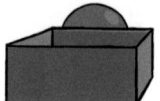

achter

detrás

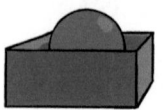

in

en

vör

delante de

över

por encima de

op

sobre

ünner

debajo de

blangen

junto a

twüschen

entre

Oort

lugar